SMART COOKIE KID

For 3 - 4 year olds

Mary Khalil
Baha Kodir

序文

この発達ワークブックには、お子様の注意力、集中力、多元的知能、視覚的記憶、運動能力、批判的思考、学習能力、問題解決力、創造性などを高めるために設計された、さまざまな魅力的な演習が含まれています。　最適な結果を得るために、お子様には大人の指導の下、これらのアクティビティを順番に定期的に実行することをお勧めします。　この面白くて注意力を高める本のすべての演習には、明確な指示が付いています。　各エクササイズに特定の時間制限はありません。　　最も重要なことは、お子様が問題を解決したり、新しいスキルを学んだりしながら、楽しんで注意を集中できることです。お子様がアクティビティ中に指示がわかりにくいと感じた場合は、シンプルで共感できる説明や例を示して、その混乱を明確にすることが重要です。　　お子様が練習を無事に完了したときに、言葉で積極的に励ますことは、お子様のやる気を引き出す優れた方法です。　たとえば、「素晴らしい仕事をしていますね!」と言うことができます。　または「あなたは信じられないほど素晴らしいです！」

　この本には、特に子供たちの想像力を魅了するよう、注意深く専門知識を駆使して作成された楽しいイラストが掲載されています。これらの優しい芸術作品は、プロのアーティストの才能の結晶です。

　さらに、保護者が家で子供たちと質の高い絆を深められる時間を提供するために、楽しいゲーム ページも追加しました。　これらの楽しいゲームは、きっと思い出に残る瞬間を生み出し、あなたと小さなお子様との強いつながりを育むでしょう。

エスキモーが店で買わない家電製品を見つけてマークします。

マークを付けて、写真の中に誕生日ケーキが何個あるか調べてください。

どの動物が他の動物と違うかを見つけてマークします。

両手で同時に線を描きます。

アーティストが木を描いたときにどの色が使用された
かをマークします。

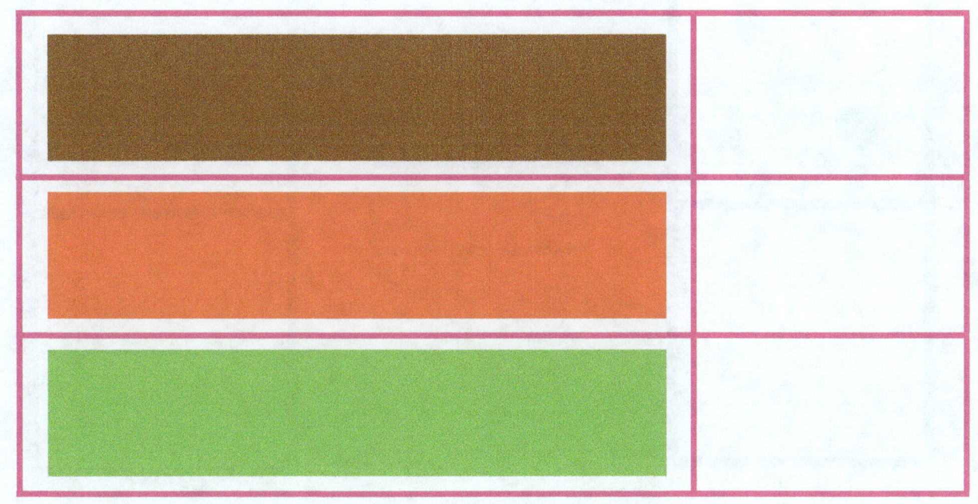

例のように空白のドミノタイルを描きます。

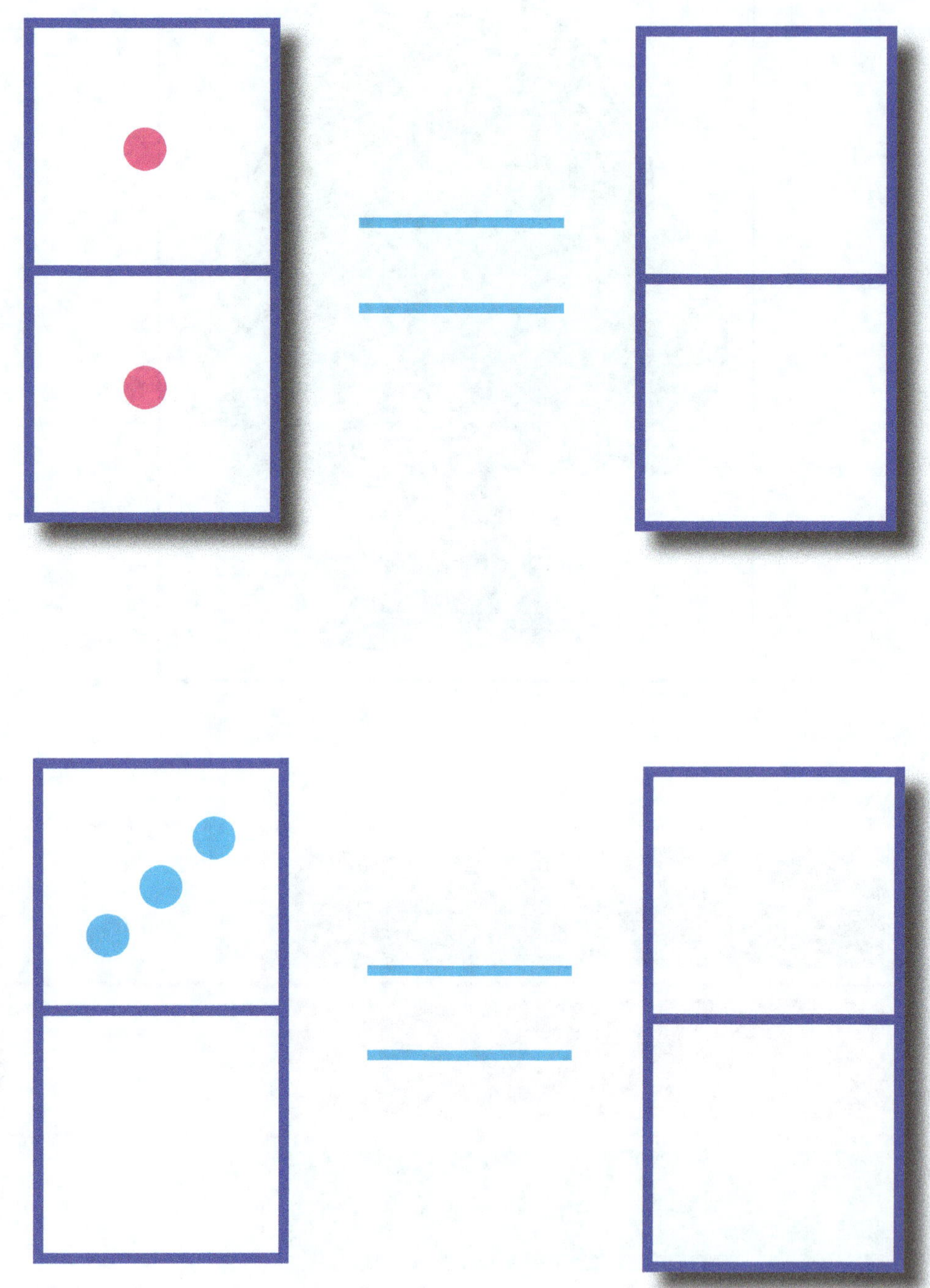

木を注意深く見て、次のページに進みます。

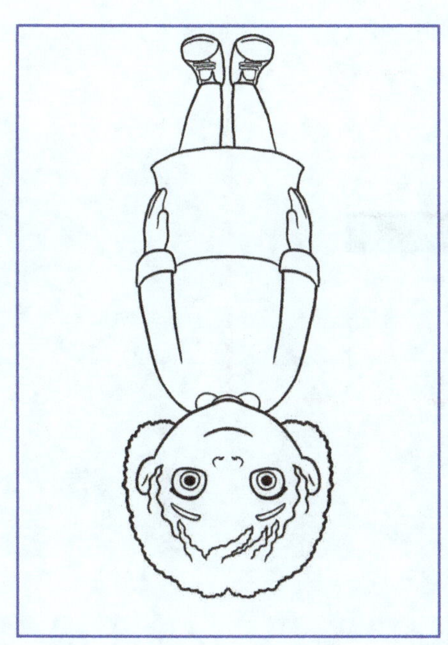
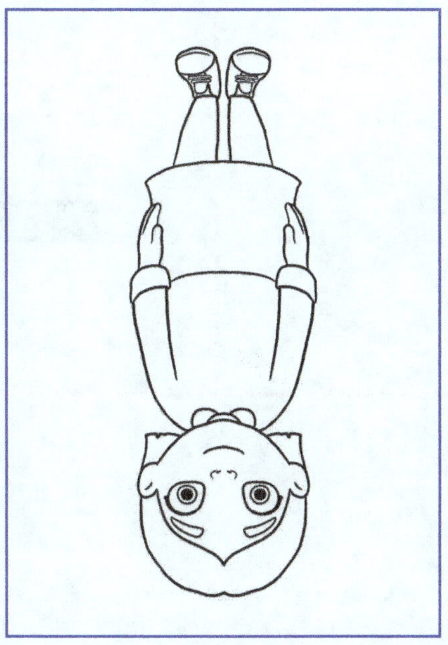
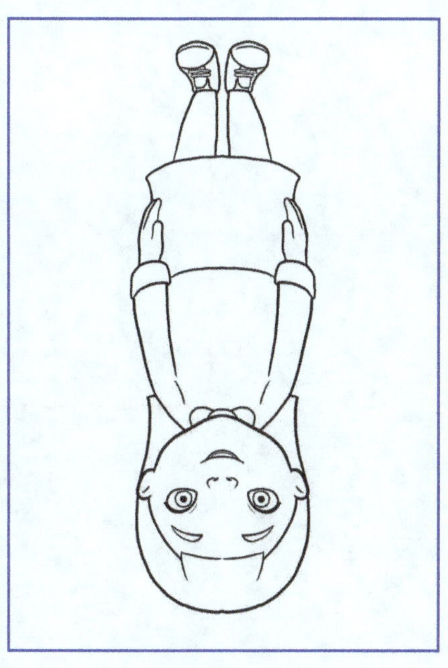

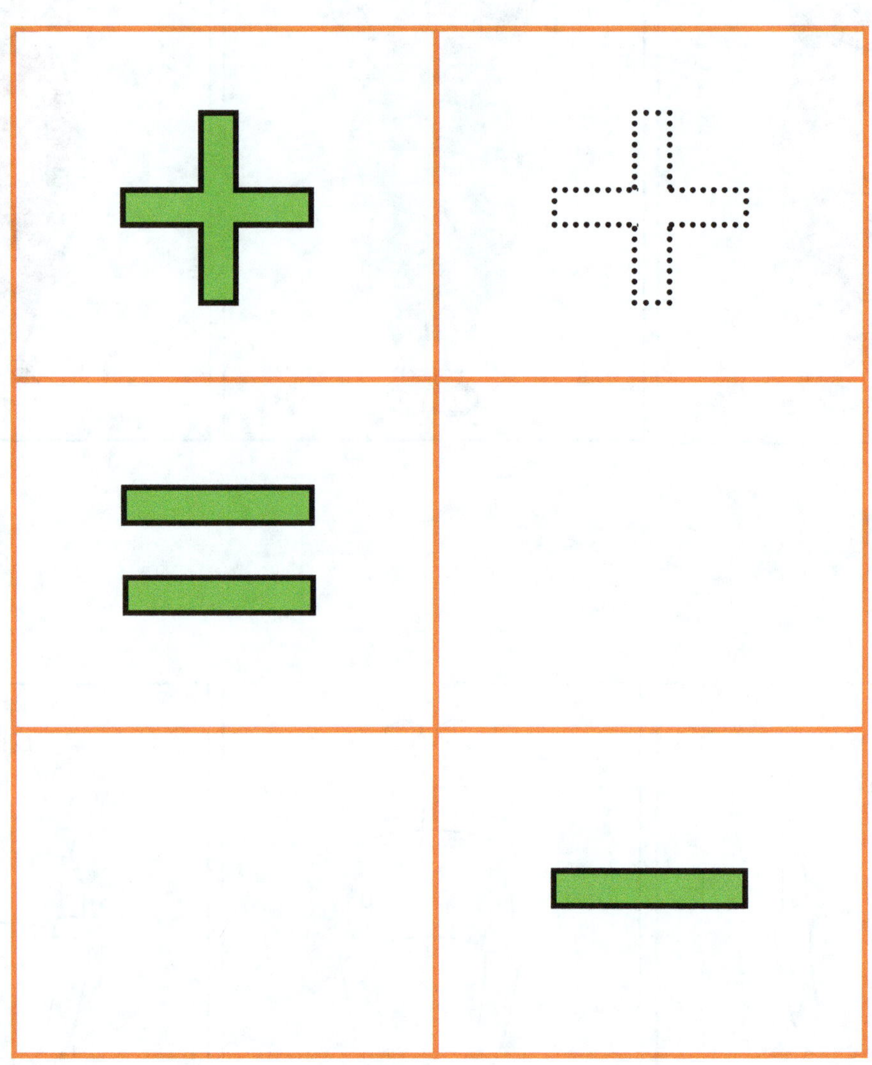

幾何学模様を描画することでオブジェクトに変化させます。

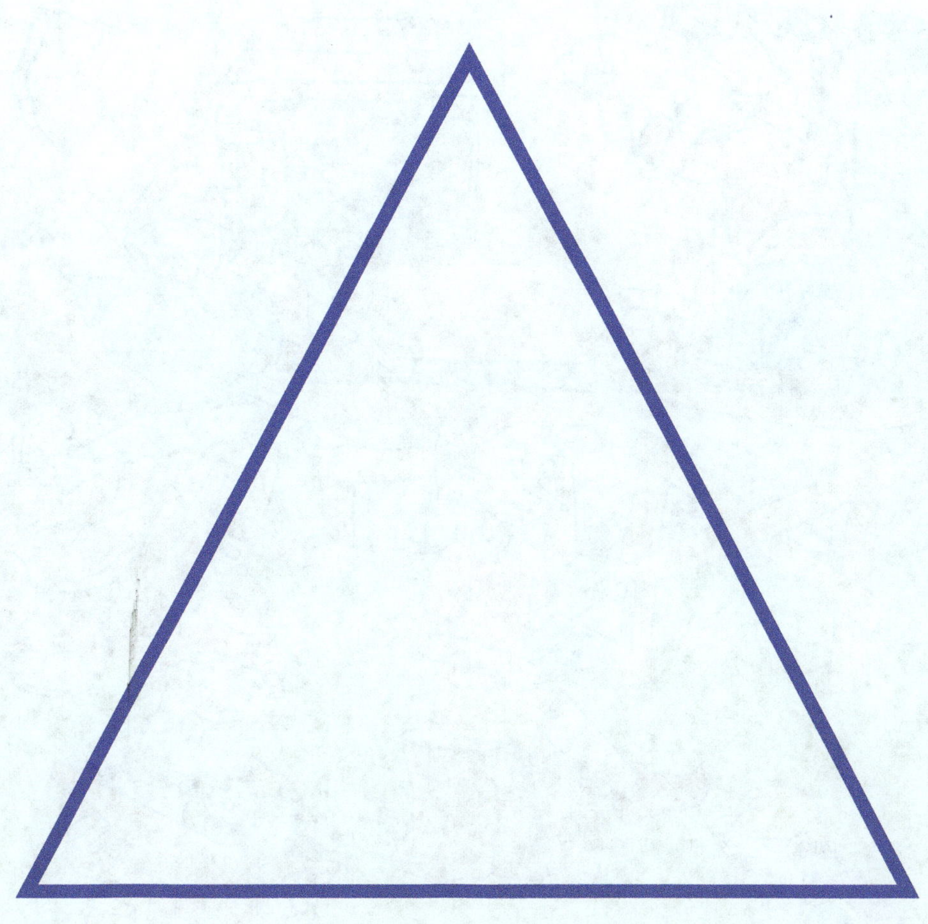

写真の中の七人の小人の中に隠されたシンボルを見つけてください。

赤ちゃんの線に沿って目の体操をしましょう。このエ
クササイズを少なくとも5回繰り返します。

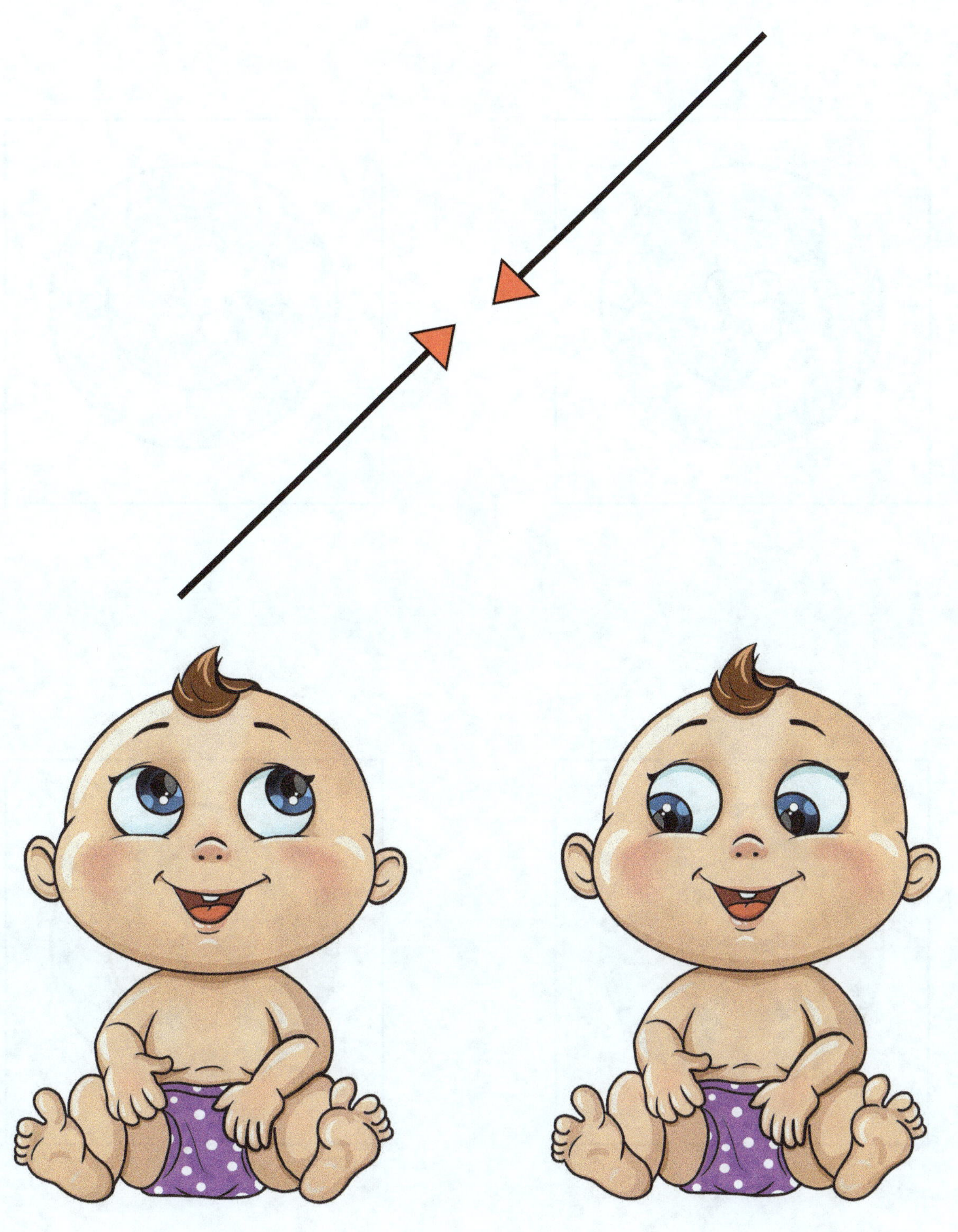

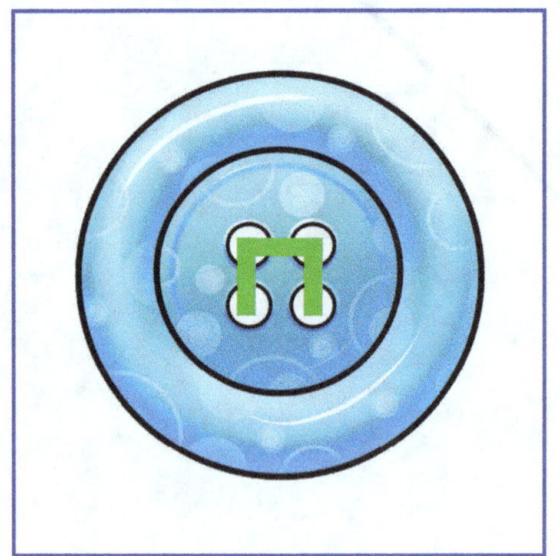

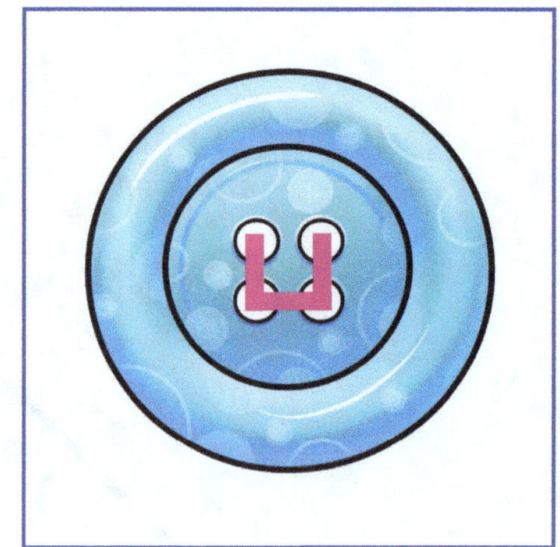

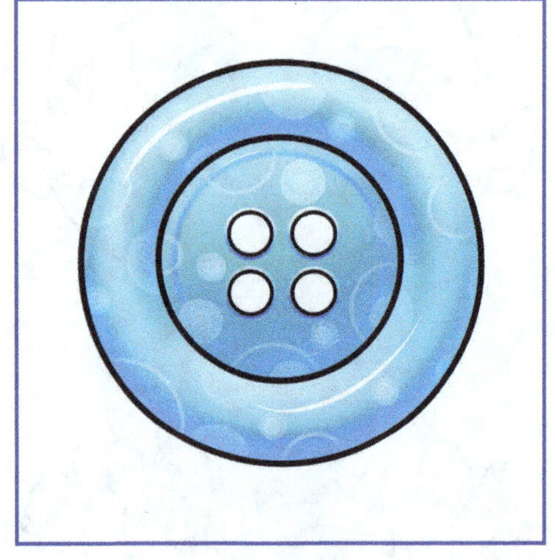

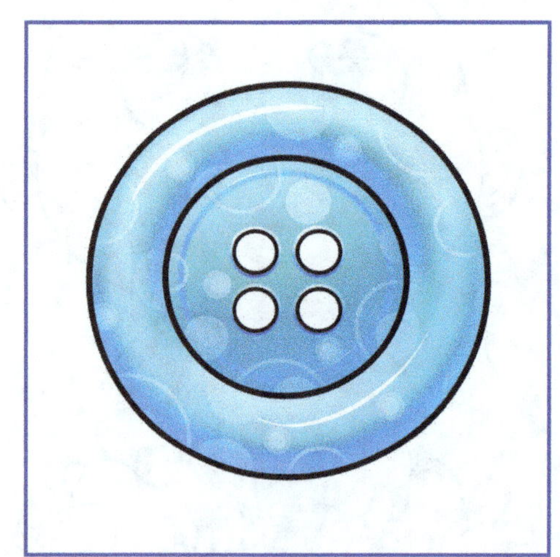

小屋の中で横たわっている鶏の下に何があるかを推測して描きます。

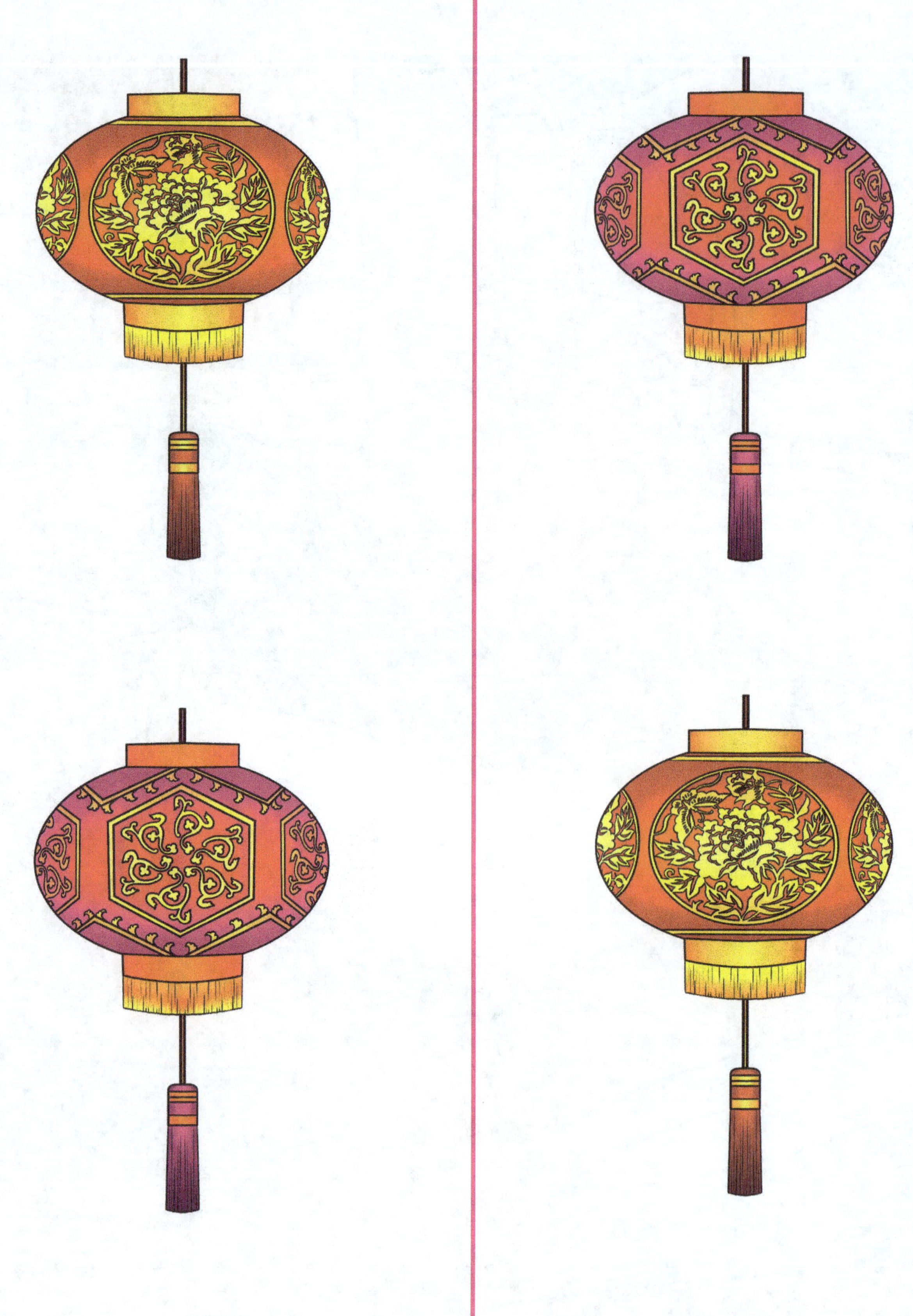

23

直線を引いてカンガルーをフィールドに連れて行きます。

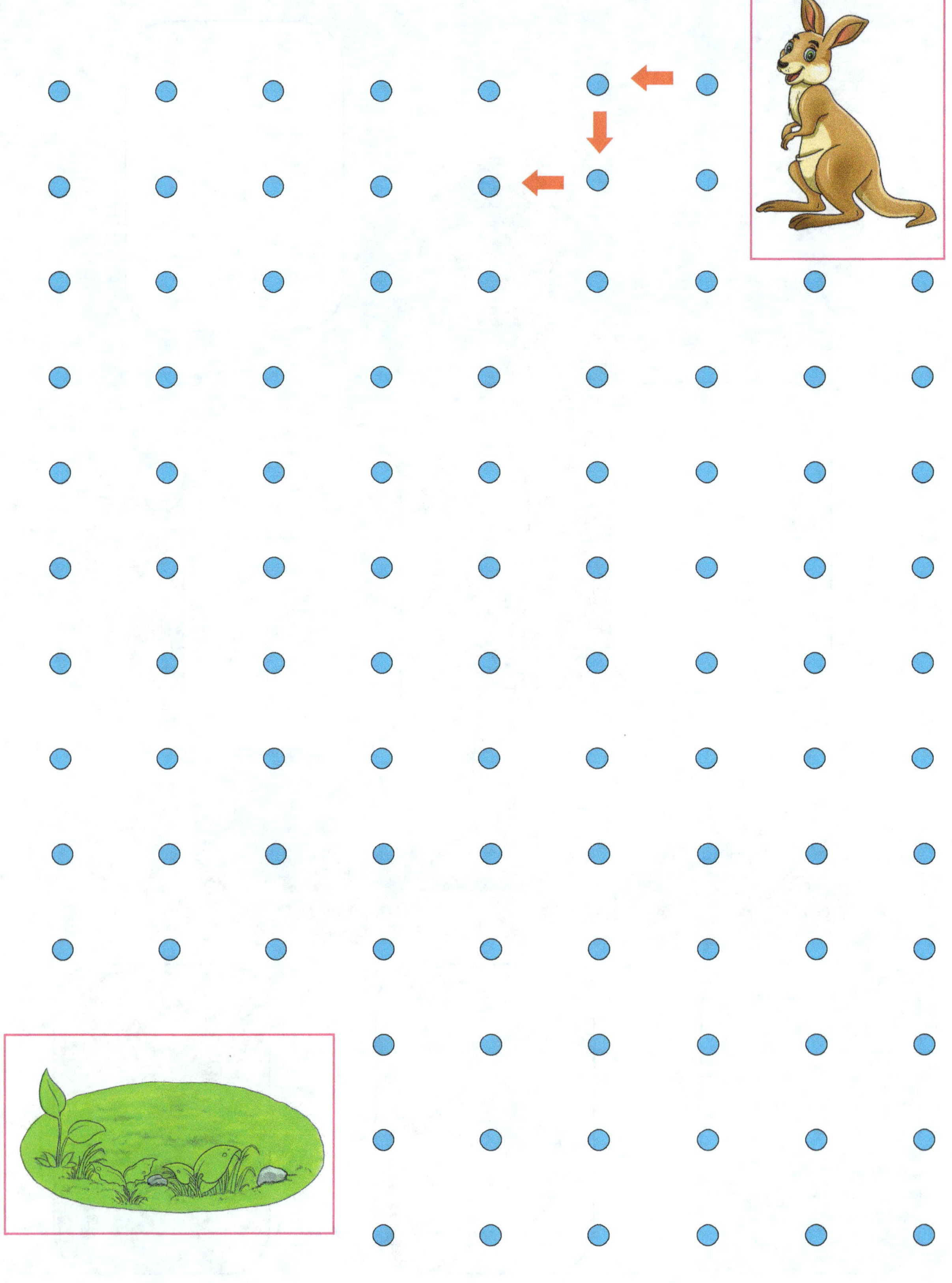

少年が演奏している楽器を見つけてマークします。

25

絵の中にカタツムリが何匹あるかを見つけて色を塗ります。

絵をペイントし、両面が同じ色であることを確認してください。

ベストランナーの

説明: 2 本の細長いストリップの間が 1 インチ開いており、粘着紙テープでテーブルに貼り付けられます。ゴールラインもレーンの一端に紙テープで作られています。子供は、小さくこすった紙片から手のひらでボールを作り、それを（順番に）ゴールラインまで吹き飛ばして、これらのボールをスタート地点に置くように言われます。ゴールラインを横切ったボールの数が計算され、勝者が決定されます。
提案: 粘着テープと古新聞の数ページを使用します。

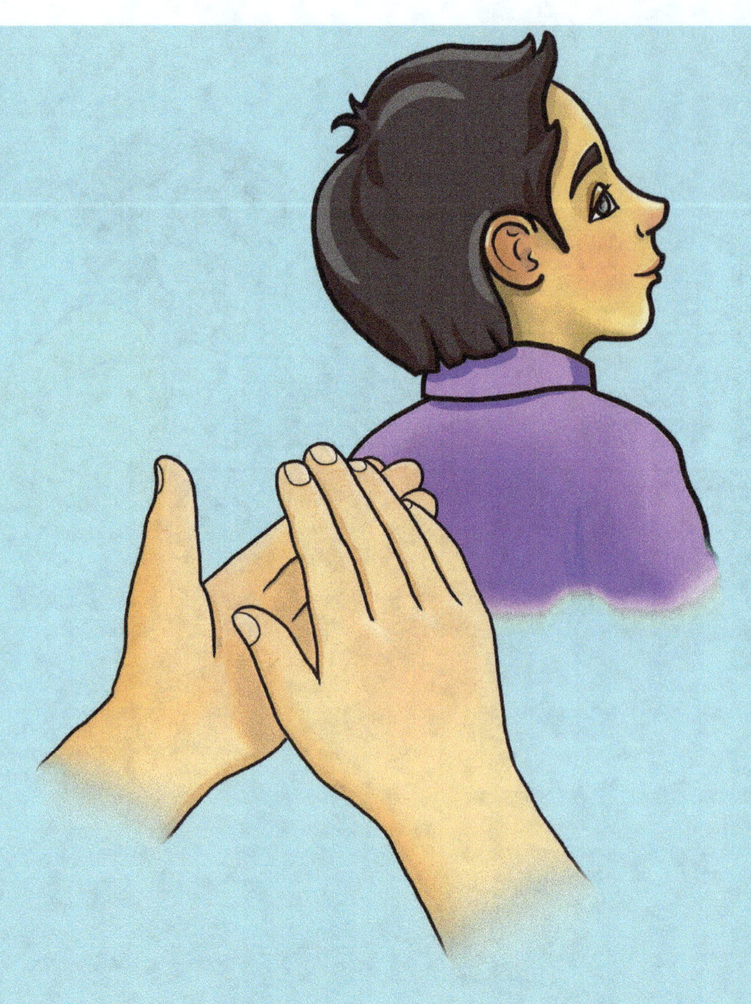

リズムを保つ

指示: 子供は後ろ側に座ります。親の一人が手でリズミカルな拍手を　　　　1回、2 回、または 3 回行います。子供は同じように聞いたリズムの数を繰り返すように求められます。　　（お子様が知っている童謡のリズムも作れます。）